La voluntad de Dios es el Espíritu Santo

GLORIA Copeland

KENNETH COPELAND PUBLICATIONS

A menos que se indique lo contrario, todas las citas bíblicas fueron tomadas de la versión *Reina Valera 1960.*

Las citas marcadas con las siglas *AMP* son traducciones libres de *The Amplified Bible.*

Traducido y editado por KCM Guatemala

La Voluntad de Dios es el Espíritu Santo

God's Will Is the Holy Spirit

17 16 15 14 13 12 17 16 15 14 13 12

ISBN 1-57562-129-0
ISBN 978-1-57562-129-6 30-0524S

Kenneth Copeland Publications
Fort Worth, TX 76192-0001

Para obtener más información acerca de los Ministerios Kenneth Copeland, visite www.kcm.org o llame al 1-800-600-7395 (dentro de E.U.A.) o al 1-817-852-6000 (fuera de E.U.A.).

La voluntad de Dios es el ESPÍRITU SANTO

por GLORIA Copeland

Usted empezó a relacionarse con el Espíritu Santo desde la primera vez que oyó las buenas nuevas de que Jesús tomó su lugar y llevó el castigo por sus pecados. Fue el Espíritu Santo, por medio de la Palabra, quien le proveyó a usted la convicción en su corazón de que Jesús resucitó de entre los muertos.

En Romanos 10:9, leemos: *«Que si confesares con tu boca que Jesús es el Señor, y creyeres en tu corazón que Dios le levantó de los muertos, serás salvo»*. Luego en

1 Corintios 12:3, se nos explica que nadie puede decir que Jesús es el Señor, excepto por inspiración del Espíritu Santo.

Jesús vino para que la humanidad pudiera recibir la naturaleza de Dios —vida eterna— (Juan 10:10). Sin embargo, ninguna persona podía nacer de nuevo, mientras Jesús estuvo en la Tierra. Aunque el Señor tenía el poder para perdonar transgresiones, nadie podía renacer hasta que Él pagara el precio en el Calvario y fuera el primogénito de entre los muertos.

> Pero yo os digo la verdad: Os conviene que yo me vaya; porque si no me fuera, el Consolador no vendría a vosotros; mas si me fuere, os lo enviaré… Aún tengo muchas cosas que deciros, pero ahora no las podéis sobrellevar. Pero cuando venga el Espíritu de verdad, él os guiará a toda la verdad; porque no hablará por su propia cuenta, sino que hablará todo lo que oyere, y os hará saber las cosas que habrán

> de venir. Él me glorificará; porque tomará de lo mío, y os lo hará saber. Todo lo que tiene el Padre es mío; por eso dije que tomará de lo mío, y os lo hará saber.
>
> —Juan 16:7, 12–15

Jesús les expresó a los hombres que anduvieron por tres años con Él que era más beneficioso para ellos que Él se fuera y les enviara al Espíritu Santo.

Fue la obra milagrosa del Espíritu Santo la que hizo de usted una nueva criatura. De hecho, cuando aceptó a Jesús como el Señor de su vida, el Espíritu Santo vino sobre usted y lo cubrió con Su sombra; así como sucedió con María cuando ella concibió al «*...Santo Ser...*» (Lucas 1:35).

Usted nació a una nueva vida, un nuevo espíritu. La muerte espiritual fue erradicada de su espíritu. Usted literalmente nació de Dios: «*Amados, **ahora** somos hijos de Dios…*» (1 Juan 3:2). «*Todo aquel que cree que Jesús es* *el Cristo, es nacido de Dios...»* (1 Juan 5:1). Dios se convirtió en su Padre, gracias a su nacimiento espiritual.

El milagro de esta nueva vida jamás debería considerarse como algo ordinario, pues no es sólo una idea teológica, sino un hecho realizado por el Espíritu Santo en persona el día que usted aceptó a Jesucristo como su Señor. El Espíritu del Señor transforma a quienes están cargados de pecado y egoísmo; recrea sus espíritus a la imagen de Dios. Este cambio de naturaleza en cada persona es un acontecimiento grandioso, excelente y sobrenatural en el reino espiritual, el cual causa que todo el cielo se regocije (Lucas 15:7,10).

El Espíritu dentro de usted

Entonces, el ministerio del Espíritu Santo incluye, además de impartir la naturaleza de Dios al espíritu del hombre, vivir en la nueva criatura y revelarle el conocimiento exacto del Señor. El Espíritu desde el interior de la nueva persona la capacita para andar en una nueva vida. Un escritor dijo que el Espíritu que nos da vida, también la sustenta.

En Ezequiel 36:26–27, se nos explica: *«Os daré corazón nuevo, y pondré espíritu nuevo dentro de vosotros; y quitaré de vuestra carne el corazón de piedra, y os daré un corazón de carne. Y pondré dentro de vosotros mi Espíritu, y haré que andéis en mis estatutos, y guardéis mis preceptos, y los pongáis por obra»*.

Después de que acepta a Jesús como el Señor de su vida, el Espíritu de Dios viene a morar en usted. Cristo le expresó a Sus discípulos: *«Si me amáis, guardad mis mandamientos. Y yo rogaré al Padre, y os dará otro Consolador, para que esté con vosotros para siempre: el Espíritu de verdad, al cual el mundo no puede recibir, porque no le ve, ni le conoce; pero vosotros le conocéis, porque mora con vosotros, y estará en vosotros»* (Juan 14:15–17). El Espíritu Santo había estado trabajando

con los discípulos, en los momentos en que ellos predicaban, sanaban a los enfermos y echaban fuera a los demonios; pero Jesús indicó que cuando el Espíritu de Dios se quedara para siempre, habitaría **dentro** de ellos: «*Entonces Jesús les dijo otra vez: Paz a vosotros. Como me envió el Padre, así también yo os envío. Y habiendo dicho esto, sopló, y les dijo: Recibid el Espíritu Santo. A quienes remitiereis los pecados, les son remitidos; y a quienes se los retuviereis, les son retenidos*» (Juan 20:21-22).

Después que Jesús resucitó de entre los muertos, se apareció a los discípulos y éstos nacieron otra vez cuando Él sopló la vida de Dios sobre ellos, diciéndoles: «*...Recibid el Espíritu Santo*» (Juan 20:22; compare con Génesis 2:7). La vida eterna entró en ellos. Su nuevo nacimiento no fue posible antes, sino hasta que Jesús pagó el precio del pecado. Al recibir la vida de Dios, el Espíritu que les dio esa vida empezó a morar en ellos.

El Espíritu Santo sobre usted

Al nacer de nuevo, los discípulos fueron transformados: ya no estaban preocupados, temerosos ni tristes. Lucas nos relata en qué consistió el cambio: «*Y aconteció que bendiciéndolos, se separó de ellos, y fue llevado arriba al cielo. Ellos, después de haberle adorado, volvieron a Jerusalén con gran gozo; y estaban siempre en el templo, alabando y bendiciendo a Dios. Amén*» (Lucas 24:51-53).

Donde antes había tristeza, ahora reinaba un gran gozo —una parte del fruto del Espíritu—. El miedo y la confusión de los discípulos se convirtieron en alabanzas y bendiciones a Dios. Y además prevalecía la obediencia; así que retornaron a Jerusalén y esperaron ser investidos con el poder del cielo, aguardando recibir la promesa del Padre, la cual Jesús declaró. Antes que Jesús bendijera a Sus discípulos y ascendiera a las alturas, los instruyó así: «*He aquí, yo enviaré la promesa de mi Padre sobre vosotros; pero quedaos vosotros en la ciudad de Jerusalén, hasta que seáis investidos de poder desde lo alto»* (Lucas 24:49).

El libro de Hechos también relata lo anterior:

> Y estando juntos, les mandó que no se fueran de Jerusalén, sino que esperasen la promesa del Padre, la cual, les dijo, oísteis de mí. Porque Juan ciertamente bautizó con agua, más vosotros seréis bautizados con el Espíritu Santo dentro de no muchos días… pero recibiréis poder, cuando haya venido sobre vosotros el Espíritu Santo, y me seréis testigos en Jerusalén, en toda Judea, en Samaria, y hasta lo último de la tierra.
>
> —Hechos 1:4–5,8

¡Les dijo que serían bautizados con el Espíritu Santo y obtendrían poder! Los discípulos ya tenían al Espíritu en su interior, ahora Jesús les estaba diciendo qué hacer para recibir el poder de Dios **sobre** ellos. En Hechos 10:38, leemos que Jesús fue ungido con el Espíritu Santo y con poder. Los discípulos también tenían que recibir ¡ese mismo poder del Santo Espíritu!

En nuestro lenguaje cotidiano, Jesús les habría dicho: "¡No se vayan sin Él!". Contar con el poder de Dios era indispensable para realizar el trabajo que Jesús les había asignado (lea Marcos 16:15–20; Mateo 28:18–20). Hoy en día nada de eso ha cambiado para el Cuerpo de Cristo, pues todavía tiene la misma comisión que se le encargó.

Jesús también les había enseñado acerca de Sus obras. Se había referido al Espíritu del Padre: «*¿No crees que yo soy en el Padre, y el Padre en mí? Las palabras que yo os hablo, no las hablo por mi propia cuenta, sino que el Padre que mora en mí, él hace las obras… De cierto, de cierto os digo: El que en mí cree, las obras que yo hago, él las* *hará también; y aun mayores hará, porque yo voy al Padre»* (Juan 14:10–12).

Los discípulos debían continuar con el trabajo que Jesús había estado haciendo, y necesitaban el mismo poder y unción del Espíritu Santo que moraba en Jesús (lea Hechos 10:38; Mateo 3:16–17; Juan 14:12; Lucas 4:18–21; Hechos 5:12–16).

Ese poder del Espíritu fue el que vino sobre la Iglesia en el día de Pentecostés; y en la actualidad, el mismo Espíritu todavía está a cargo de ayudar a la Iglesia a cumplir su gran comisión. ¿Acaso no dijo Jesús que el Santo Espíritu nos acompañaría para siempre?

Jesús afirmó que no era Él quien realizaba las obras, sino el Padre que actuaba a través de Él. Así que cuando Cristo expresó: *«Pero recibiréis poder, cuando haya venido* ***sobre vosotros*** *el Espíritu Santo…»* (Hechos 1:8). ¡Ellos sabían a qué se refería!

La palabra griega **dunamis**, que se traduce como **poder**, significa: "habilidad y fuerza".

Por consiguiente, al recibir el bautismo del Espíritu Santo, usted adquiere la habilidad de Dios para realizar Su obra en la Tierra. Y por eso, mientras el Espíritu **dentro de** usted le permite producir fruto en su vida personal (Gálatas 5:22–23), el Espíritu **sobre** usted está para servir a otros. Jesús se refirió a lo primero como una fuente de agua que brota para vida eterna (lea Juan 4:14); y a lo segundo, como ríos de agua viva (Juan 7:38-39). En resumen, la fuente es para su propia vida, y los ríos que fluyen de su interior son para bendecir a los demás.

Usted es un testigo. ¿Qué hace un testigo? Ofrece una evidencia o confirmación. El poder del Espíritu Santo que está en usted, puede convertir su vida en un testimonio para el mundo: testificando que Jesús ha resucitado de entre los muertos y Él vive hoy. Jesús declaró: *«Pero recibiréis poder, cuando haya venido sobre vosotros el Espíritu Santo, y me seréis testigos…»* (Hechos 1:8).

Algunas tradiciones y doctrinas humanas les han robado a muchos creyentes el poder para ser testigos que aportan la prueba de que Jesús fue resucitado de entre los muertos. Los impíos no sólo necesitan escuchar palabras, sino ver pruebas de que Jesús está vivo. A los recién convertidos, debemos enseñarles a recibir el bautismo del Espíritu Santo —la investidura de poder que todos necesitamos para dar a conocer a Jesús ante la humanidad perdida—.

Muchos creen que al aceptar la salvación, automáticamente se obtiene el Espíritu Santo, y que eso es todo. Si bien es cierto que cuando uno nace de nuevo, el Espíritu Santo viene a vivir en su interior con el objetivo de trabajar en su vida, eso no es todo. Después que yo nací otra vez y tenía al Espíritu de Dios morando en mí, aún no contaba con el poder del cual Jesús habló. Y este poder no se manifestó en mi vida hasta que recibí el bautismo del Espíritu Santo. Yo quería hacer lo correcto:

seguir a Dios y convertirme en un cristiano fuerte, pero seguramente no cambié mucho hasta que recibí ese bautismo y comencé a hablar en otras lenguas. Luego al combinarse la autoridad de Dios que está sobre mí, con la Palabra del Señor en mi corazón, mi debilidad comenzó a transformarse en victoria. Conforme he aprendido la verdad de la Palabra de Dios y la he puesto en práctica, el Espíritu que permanece sobre mí, me ha dado la habilidad de triunfar en mi vida y ayudar a otros a vencer los obstáculos.

Habitúese a orar la siguiente adaptación de Efesios 3:14-21:

> *Por esta razón me arrodillo delante del Padre, de quien recibe nombre toda familia en el cielo y en la Tierra. Te pido, Dios, que por medio del Espíritu y con el poder que procede de Sus gloriosas riquezas, me fortalezcas en lo íntimo de mi ser, para que por*

fe, Cristo habite en mi corazón. Y pido que, arraigado y cimentado en amor, pueda comprender, junto con todos los santos, cuán ancho y largo, alto y profundo es el amor de Cristo; en fin, que conozca ese amor que sobrepasa mi entendimiento, para que sea lleno de la plenitud de Dios, quien puede hacer muchísimo más que todo lo que yo puedo imaginar o pedir, por el poder que actúa eficazmente en mí, ¡a Él sea la gloria en la Iglesia y en Cristo Jesús por todas las generaciones, por los siglos de los siglos! Amén.

¡Según el poder que actúa en uno! La capacidad ilimitada de Dios para trabajar en su vida depende del poder que opera en su interior. El propósito del Señor es habitar permanentemente dentro de su espíritu y venir sobre usted con autoridad para llevar a cabo Su obra.

En los primeros años de la Iglesia, la mayoría de veces, las personas nacían de nuevo y recibían el bautismo del Espíritu Santo al mismo tiempo. Sin embargo, en Hechos capítulo 8, podemos ver muy claro las dos experiencias por separado. Ahí se relata que Felipe predicó en Samaria el evangelio del reino de Dios y el nombre de Jesucristo. En el versículo 12, se nos explica que las personas que lo escucharon, creyeron, y que tanto hombres como mujeres se bautizaron. Ellos se convirtieron en creyentes.

Después, Pedro y Juan llegaron a orar para que se regocijaran con el Espíritu Santo: *«Porque aún no había descendido sobre ninguno de ellos, sino que solamente habían sido bautizados en el nombre de Jesús. Entonces les imponían las manos, y recibían el Espíritu Santo»* (versículos 16-17).

La expresión: «recibir el Espíritu Santo», se refiere al bautismo del Espíritu Santo. En Hechos 19:2, se narra que

Pablo les preguntó a los discípulos de Éfeso: «*¿Recibisteis el Espíritu Santo cuando creísteis? Y ellos le dijeron: Ni siquiera hemos oído si hay Espíritu Santo*».

Ellos sólo habían experimentado el bautismo de Juan. Pablo les recordó que Juan había pedido que creyeran en Jesús: «*Cuando oyeron esto, fueron bautizados en el nombre del Señor Jesús. Y habiéndoles impuesto Pablo las manos, vino sobre ellos el Espíritu Santo; y hablaban en lenguas, y profetizaban*» (versículos 5-6). En esa historia, la gente fue bautizada inicialmente en agua, y algún tiempo después, Pablo les impuso las manos, a fin de que tuvieran el Espíritu de Dios.

En los casos anteriores, observamos que los apóstoles impusieron sus manos sobre quienes ya eran creyentes para que recibieran el Espíritu Santo. Por consiguiente, esos versículos nos revelan que la investidura de poder, llamada bautismo del Espíritu Santo, no es la misma experiencia del nuevo nacimiento. En esos dos relatos, el poder vino mientras se les imponía manos a los cristianos.

En cambio, en el día de Pentecostés, así como en la casa de Cornelio, el Espíritu de Dios descendió sobre las personas y comenzaron a hablar en otras lenguas. Es decir, recibieron el nuevo nacimiento y la investidura de poder simultáneamente.

El bautismo del Espíritu Santo se obtiene por fe (Gálatas 3:14), de la misma manera en que se acepta a Jesús como Señor. A los cristianos se les debería enseñar a creer y a aceptar este bautismo. Los discípulos que se reunieron en el Aposento Alto el día de Pentecostés, ya habían sido instruidos por el Maestro mismo acerca de recibir el Espíritu Santo (Juan 14–16; Hechos 1).

El conocimiento de la Palabra de Dios nos da luz o entendimiento (Salmos 119:130). Los discípulos sabían que debían esperar que el Espíritu Santo los bautizara con Su poder tal como Jesús les había indicado.

Gozamos las bendiciones de Dios si creemos lo que Él promete, eso es fe. Por ejemplo, la sanidad le pertenece a usted desde el momento en que nació en la familia del Señor. Sin embargo, si no lee la Palabra, y descubre que la salud divina es suya, continuará enfermo.

Para andar el camino de fe y agradar a Dios, Su Palabra debe ser la autoridad en su vida, ¡no lo que los hombres y las tradiciones enseñan!

Dependa del Espíritu Santo...
Él lo guiará a toda verdad

Antes bien, como está escrito: Cosas que ojo no vio, ni oído oyó, ni han subido en corazón de hombre, son las que Dios ha preparado para los que le aman. Pero Dios nos las reveló a nosotros por el Espíritu; porque el Espíritu todo lo escudriña, aun lo

> profundo de Dios. Porque ¿quién de los hombres sabe las cosas del hombre, sino el espíritu del hombre que está en él? Así tampoco nadie conoció las cosas de Dios, sino el Espíritu de Dios.
>
> —1 Corintios 2:9-11

El Espíritu Santo que vive dentro de usted, puede revelarle el interior de Dios; es decir, qué hay en el corazón del Padre. El Espíritu Santo, quien conoce todas las profundidades del Todopoderoso, desea vivir en usted para mostrarle la oculta e inescrutable sabiduría de Dios.

Ningún hombre conoce todo lo relacionado al Creador porque esto debe discernirse espiritualmente (1 Corintios 2:14). *«Pero Dios nos las reveló a nosotros por el Espíritu…»* (1 Corintios 2:10). Los pensamientos íntimos del Señor pueden entrar al corazón del hombre sólo por medio del Espíritu.

El Espíritu Santo debe revelarle la Palabra antes que usted pueda actuar de acuerdo con ella, pues sólo por su propio espíritu, usted no puede comprender o percibir los misterios de ésta. Sin embargo, Jesús explicó que el Espíritu Santo le enseñaría todo (Juan 14:26). Él les dijo a los discípulos: *«Tengo mucho más que decirles, pero en este momento sería demasiado para ustedes. Cuando venga el Espíritu de la verdad, él los guiará a toda verdad; porque no hablará por su propia cuenta, sino que dirá todo lo que oiga, y les hará saber las cosas que van a suceder»* (Juan 16:12–13; versión *Dios habla hoy*).

Recuerde que Jesús les dijo a Sus discípulos que el Espíritu Santo estaba **con** ellos, y que también estaría **dentro** de ellos. Además, les expresó que aunque deseaba darles a conocer muchos asuntos, en ese momento ellos no podían entenderlos. No obstante, cuando viniera el Espíritu de verdad, éste los haría capaces de comprender. Lo anterior significa que Jesús no podía enseñarles ... discípulos porque aún no tenían al Espı... Santo morando en su interior para que les revelara la verdad. Ellos estaban limitados de habilidad para entender las cosas espirituales.

Pero Jesús les estaba diciendo que no habría límite al conocimiento espiritual cuando el Espíritu viniera. También declaró que Él les mostraría todo lo que el Padre tiene y aun lo que está por venir.

Ahora, ¿puede ver usted el conocimiento y el entendimiento que están disponibles para los creyentes llenos del Espíritu Santo? El Espíritu de Dios le ha sido dado para que le muestre cómo tener una vida de éxito. A la luz de estas verdades de la Palabra de Dios es inconcebible que alguien rechace el regalo de Dios, Su Espíritu.

yo os digo la verdad: Os conviene que yo ya; porque si no me fuera, el Consolador no vendría a vosotros; mas si me fuere, os lo enviaré» (Juan 16:7). Jesús personalmente nos envió al Espíritu Santo. El Espíritu llegó a la plenitud de Su ministerio el día de Pentecostés y todavía está aquí.

«He aquí, yo enviaré la promesa de mi Padre sobre vosotros; pero quedaos vosotros en la ciudad de Jerusalén, hasta que seáis investidos de poder desde lo alto» (Lucas 24:49). Jesús les indicó a Sus discípulos que esperaran hasta que fueran provistos de poder.

En el día de Pentecostés, Pedro le explicó a la gente: *«A este Jesús resucitó Dios, de lo cual todos nosotros somos testigos. Así que, exaltado por la diestra de Dios, y habiendo recibido del Padre la promesa del Espíritu Santo, ha derramado esto que vosotros veis y oís… Porque para vosotros es la promesa, y para vuestros hijos, y para todos los que están lejos; para cuantos el Señor nuestro Dios llamare»* (Hechos 2:32–33, 39).

La promesa de contar con el Espíritu Santo es para todos, lo favorece a usted y a sus hijos; pues Dios ya ha entregado Su Espíritu al Cuerpo de Cristo. Así que, usted como miembro de ese Cuerpo, debe aceptar individualmente lo que el Señor ya ha concedido. El Espíritu le fue enviado para darle potestad. No sea un cristiano débil, recuerde que la provisión de poder está disponible para usted.

Y es en nuestros días cuando los creyentes necesitan más las manifestaciones del poder de Dios en la vida de cada uno. No trate de obtener victorias por sus propias fuerzas; más bien, enfoque su fe para recibir inmediatamente la investidura de poder.

Para hacerlo, pídale a un creyente o un ministro de Dios que imponga manos sobre usted. O hable con el Señor al respecto usted solo, en su lugar de oración.

Estudie los siguientes versículos referentes a la llenura del Espíritu Santo. Así usted creerá y actuará de acuerdo con la Palabra.

Sea lleno del Espíritu

En Efesios 5:18, leemos: «*...sed llenos del Espíritu*». Usted sabe que Dios le habla por medio de la Biblia, y que Su Palabra es Su voluntad; por tanto, Su voluntad es que ¡reciba el bautismo del Espíritu Santo!

> Y yo os digo: Pedid, y se os dará; buscad, y hallaréis; llamad, y se os abrirá. Porque todo aquel que pide, recibe; y el que busca, halla; y al que llama, se le abrirá. ¿Qué padre de vosotros, si su hijo le pide pan, le dará una piedra? ¿o si pescado, en lugar de pescado, le dará una serpiente? ¿O si le pide un huevo, le dará un escorpión? Pues si vosotros, siendo

malos, sabéis dar buenas dádivas a vuestros hijos, ¿cuánto más vuestro Padre celestial dará el Espíritu Santo a los que se lo pidan?

—Lucas 11:9–13

Lo primero que debe hacer como hijo de Dios es solicitar el Espíritu Santo a su Padre. Aun cuando el Espíritu ya ha sido entregado a la Iglesia, usted debe invitarlo a venir sobre usted para que Él le confiera Su poder. Pida ser bautizado por el Espíritu Santo.

Sabemos que si pedimos, recibiremos. La Palabra nos asegura que gozaremos de un valioso regalo —el Espíritu de Dios—, y no una imitación. Por tanto, ore con la confianza de obtener y no tenga ningún temor, sabiendo que su Padre da sólo buenos obsequios a Sus hijos. Jesús estableció que pidiera y recibiría el Espíritu Santo.

Veamos otros ejemplos de creyentes que fueron llenos del Espíritu:

Y fueron todos llenos del Espíritu Santo, y comenzaron a hablar en otras lenguas, según el Espíritu les daba que hablasen.

—Hechos 2:4

Mientras aún hablaba Pedro estas palabras, el Espíritu Santo cayó sobre todos los que oían el discurso. Y los fieles de la circuncisión que habían venido con Pedro se quedaron atónitos de que también sobre los gentiles se derramase el don del Espíritu Santo. Porque los oían que hablaban en lenguas, y que magnificaban a Dios.

—Hechos 10:44–46

Y habiéndoles impuesto Pablo las manos, vino sobre ellos el Espíritu Santo; y hablaban en lenguas, y profetizaban.

—Hechos 19:6

En cada relato bíblico que se refiere a creyentes que recibían el Espíritu Santo, podemos observar que ellos comenzaron a hablar en otras lenguas. Pero ninguna parte del Nuevo Testamento enseña que el Espíritu Santo es quien habla en lenguas, sino que el creyente se expresa según el Espíritu le concede habilidad para hacerlo.

Usted aporta su voz, mientras el Espíritu Santo da las palabras. Esas palabras son desconocidas para usted. La Palabra nos muestra que por el Espíritu expresamos misterios a Dios: «*Porque el que habla en lenguas no habla a los hombres, sino a Dios; pues nadie le entiende, aunque por el Espíritu habla misterios... El que habla en lengua extraña, a sí mismo se edifica; pero el que profetiza, edifica a la iglesia*» (1 Corintios 14:2, 4). Usted no habla en lenguas a los hombres, sino a Dios.

Otra traducción de la Biblia explica que expresamos secretos divinos. Cuando usted ora en lenguas, ora más allá de su conocimiento natural.

> Así también el [Santo] Espíritu viene a ayudarnos en nuestra debilidad; porque no sabemos qué oración ofrecer, ni ofrecerla como es debido, el Espíritu mismo se une a nuestras súplicas y ruega a favor nuestro con gemidos tan profundos que no se pueden describir. Y Dios es quien escudriña los corazones de los hombres, sabe qué hay en la mente del [Santo] Espíritu [cuál es Su propósito] porque Él intercede y ruega [delante de Dios] por los santos, de acuerdo y en armonía con la voluntad de Dios.
>
> —Romanos 8:26–27, (*AMP*)

El Espíritu Santo viene en auxilio nuestro cuando estamos orando sin saber cómo hacerlo. Él nos concede expresarnos en otras lenguas para orar la perfecta voluntad de Dios. Necesitamos esta ayuda, pues la mayoría de veces tenemos un conocimiento muy limitado de las situaciones. Quizá sólo vemos los síntomas de un problema que en realidad es más complicado. En cambio, el Espíritu Santo se dirige con exactitud a la raíz del problema y ora según el propósito íntegro de Dios para nosotros.

Leamos Judas 20: "Pero ustedes amados, edifíquense [fundamentándose] sobre su santísima fe, [crezcan, prosperen, como un edificio que cada vez se hace más alto y más alto] y orando en el Espíritu Santo" (*AMP*). Hablar en lenguas le hace crecer. Es decir, le fortalece o le provee de energía como una carga de batería.

Es por eso que estoy tan agradecida de poder orar en el espíritu gracias al Espíritu Santo. También para usted será una gran bendición hacerlo. Después que reciba su lenguaje de oración, hable en el espíritu todos los días; con esto logrará que su espíritu sea fuerte y domine su vida.

En 1 Corintios 14:14, leemos: *«Porque si yo oro en lengua desconocida, mi espíritu ora, pero mi entendimiento queda sin fruto»*. En otra versión leemos: "...mi espíritu [por causa o por razón del Espíritu Santo que está en mí] ora..." (*AMP*). El Espíritu Santo le brinda a su espíritu una oración o una alabanza. Y la voz de usted es la que le proporciona sonido a ese lenguaje espiritual.

El relato de Hechos 10:44-46, señala que Cornelio y el grupo de parientes y amigos que reunió, hablaron en lenguas exaltando y magnificando a Dios. **Magnificar** es alabar con entusiasmo.

Cuando el Espíritu Santo viene a residir dentro de usted, su espíritu inmediatamente desea expresar alabanzas a Dios. Y no es sorprendente que sea así, considerando que el Espíritu mismo de Dios Padre ha venido sobre usted para darle poder. Y como resultado, ¡usted será un manantial desbordante de vida eterna, y de lo profundo de su ser brotarán ríos de agua viva! (Juan 4:14, 7:37–39).

Es posible que físicamente no sienta nada inusual porque las bendiciones espirituales se reciben por fe, no por los sentidos del cuerpo. Quizá sienta una ligera palpitación o temblor en los labios y un entumecimiento de la lengua, o podría "oír" algunas palabras sobrenaturales que están formándose dentro de usted. O tal vez nada de lo anterior suceda.

Sin embargo, dado que los labios y la lengua son los órganos que usamos para articular palabras, y juntamente con las cuerdas vocales forman los instrumentos físicos del habla, todos ellos deben cooperar con su espíritu para darle sonido a las oraciones y alabanzas que el Espíritu de Dios le provea. El lenguaje espiritual está listo para que usted lo hable en el mismo instante en que lo recibe.

Recuerde, no tiene nada qué temer porque Dios aseguró que usted recibiría algo muy bueno. En Isaías 57:19, leemos que Dios produce fruto de labios. No se preocupe por cómo suena, ya que el Señor sabe qué desea expresarle usted. Además, en Mateo 21:16 se nos indica que de la boca de los niños y de los que maman, Dios perfeccionó la alabanza.

También analicemos el versículo de Marcos 16:17: *«Y estas señales seguirán a los que creen… hablarán nuevas lenguas»*. Jesús afirmó que los creyentes se expresarían en nuevas lenguas, y usted es un creyente.

En conclusión, cuando ora en su idioma, el español, usa la voz de su mente; en cambio, al orar en lenguas aplica la voz de su espíritu. Por tanto, después de pedir hablar en lenguas, no hable en su idioma natural porque no puede expresarse en dos idiomas a la vez.

Confíe en que el Espíritu Santo vendrá sobre usted de la misma manera que descendió sobre los creyentes el día de

Pentecostés, y luego en Samaria, en la casa de Cornelio y en Éfeso. Usted empezará a hablar en otras lenguas según el Espíritu **le** conceda las palabras.

¡Pida y reciba!

Señor Jesús, vengo ante Ti con fe para recibir el bautismo del Espíritu Santo. Te ruego que me llenes del Espíritu hasta que rebose en mí —deseo obtener el mismo poder que vino el día de Pentecostés—. Concédeme que ríos de agua viva fluyan de mi ser al hablar mi idioma espiritual. Recibo ahora en Tu nombre, lo que Te he pedido. (En este momento comience a expresar en lenguas su alabanza y adoración conforme el Espíritu lo guíe).

Confíe en su Consolador

Jesús llamó al Espíritu Santo, el Consolador (Juan 14:16). La palabra **consolador** significa: consejero, ayudante, intercesor, abogado, persona de confianza, fortalecedor. Por consiguiente, aprenda a confiar en el Espíritu Santo y en todos Sus atributos ministeriales. ¡Él todo lo hace posible para nosotros!

Jesús también afirmó que el Espíritu nos enseñará, no sólo algunas cosas, sino **toda** la verdad.

«Hijitos, vosotros sois de Dios, y los habéis vencido; porque mayor es el que está en vosotros, que el que está en el mundo» (1 Juan 4:4). Medite en este versículo y declárelo con su boca, hasta que su espíritu se estremezca al percatarse de su significado.

Hay un Ser dentro de usted para guiarlo, y Él lo sabe todo, desde lo primero hasta lo último. Así que confíe en Su orientación y sabiduría en cada decisión que tome. Tenga por cierto que Su poder le ayudará en su vida diaria, así como en las crisis. Él es más poderoso que el enemigo; Satanás no está a Su nivel.

El Excelso Espíritu tiene la misión de conducirlo a usted hacia toda verdad. Él lo guiará; por tanto, esté preparado para seguirlo. Él no sólo le dirá qué debe hacer usted, sino también lo ayudará en la acción y le dará poder.

El Espíritu que creó el universo, ahora habita en usted. Permita que su mente comprenda lo que su espíritu le está comunicando. Recuerde, ¡el Gran Yo Soy vive en usted!

«Pero recibiréis poder, cuando haya venido sobre vosotros el Espíritu Santo…» (Hechos 1:8). Algo maravilloso le ha sucedido a usted este día. ¡Poder! ¡Poder! ¡Poder! ¡Usted ha recibido el poder y la habilidad de Dios!: *«…y me seréis testigos…»*. Atrévase a creer que así será, y que el poder será real en su vida, y dará testimonio a la humanidad de que ¡JESÚS VIVE!

Oración para recibir salvación y el bautismo del Espíritu Santo

Padre celestial, vengo a Ti en el nombre de Jesús. Tu Palabra dice: «Y todo aquel que invocare el nombre del Señor, será salvo» (Hechos 2:21). Jesús, yo te invoco y te pido que vengas a mi corazón y seas el Señor de mi vida de acuerdo con Romanos 10:9–10: «Que si confesares con tu boca que Jesús es el Señor, y creyeres en tu corazón que Dios le levantó de los muertos, serás salvo. Porque con el corazón se cree para justicia, pero con la boca se confiesa para salvación». Yo confieso ahora que Jesús es el Senor, y creo en mi corazón que Dios le resucitó de entre los muertos.

*¡Ahora he nacido de nuevo! ¡Soy cristiano, hijo del Dios todopoderoso! ¡Soy salvo! Señor, Tú también afirmas en Tu Palabra: «Pues si vosotros, siendo malos, sabéis dar buenas dádivas a vuestros hijos, **¿cuánto más** vuestro Padre celestial dará el Espíritu Santo a los que se lo pidan?» (Lucas 11:13). Entonces te pido que me llenes con Tu Espíritu. Santo Espíritu, engrandécete dentro de mí a medida que alabo a Dios. Estoy plenamente convencido de que hablaré en otras lenguas, según Tú me concedas expresar (Hechos 2:4). En el nombre de Jesús, ¡amén!*

En este momento, comience a alabar a Dios por llenarlo con el Espíritu Santo. Pronuncie esas palabras y sílabas que recibe, no hable en su idioma, sino en el lenguaje que el Espíritu Santo le da. Debe usar su propia voz, ya que Dios no lo forzará a hablar. No se preocupe por cómo suena, pues ¡es una lengua celestial!

Continúe con la bendición que Dios le ha dado, y ore en el espíritu cada día.

Ahora, usted es un creyente renacido y lleno del Espíritu Santo. ¡Usted nunca será el mismo!

Busque una iglesia donde se predique la Palabra de Dios valientemente, y obedezca esa Palabra. Forme parte de la familia cristiana que lo amará y cuidará, así como usted ame y cuide de ellos.

Necesitamos estar conectados unos con otros, lo cual aumenta nuestra fuerza en Dios, y es el plan del Señor para nosotros.

Adquiera el hábito de ver el programa de televisión *La voz de victoria del creyente*, y vuélvase un hacedor de la Palabra. Usted será bendecido al ponerla en práctica (lea Santiago 1:22–25).

Acerca de la autora

Gloria Copeland es una destacada autora y ministra del evangelio, cuya misión de enseñanza es conocida a nivel mundial. Los creyentes de todas partes del planeta la conocen por medio de las convenciones de creyentes, las campañas de victoria, artículos de revistas, audios y videos de enseñanzas, y a través del programa de televisión *La voz de victoria del creyente* que se transmite de lunes a viernes y los domingos. Ella presenta el programa junto a su esposo Kenneth Copeland. Gloria es conocida también por La escuela de sanidad que inició en 1979 en las reuniones de KCM. Enseñando así cada año la Palabra de Dios a millones de personas, y compartiendo las claves de una vida cristiana victoriosa.

Gloria es la autora del libro *God's Master Plan for Your Life*, el cual es el *best seller* del *New York Times*, así como también de numerosos libros entre los cuales se incluyen: *God's Will for You* [La voluntad de Dios para usted], *Walk With God, God's Will is Prosperity* [La voluntad de Dios es la prosperidad], *Hidden Treasures* y *To Know Him*. Ella y su esposo han sido coautores de diversos materiales entre los que figuran: *Family Promises* [Promesas para la familia], *Healing Promises* [Promesas de sanidad] y el *best seller* devocional diario *From Faith to Faith* [Crezcamos de fe en fe: Una guía diaria para la victoria] y *Pursuit of His Presence* [En búsqueda de Su presencia].

Gloria tiene un doctorado honorífico de *Oral Roberts University*. En 1994, recibió la distinción de *Mujer cristiana del año*, un reconocimiento que se otorga a mujeres cuyo ejemplo de liderazgo cristiano es excepcional. También es cofundadora y vicepresidenta de los Ministerios Kenneth Copeland de Fort Worth, Texas.

Adquiera más información acerca de Ministerios Kenneth Copeland, visitando nuestra página web **www.kcm.org**

Material que le ayudará a recibir su sanidad

por Gloria Copeland

Y Jesús sanaba a todos

La prescripción de Dios para la salud divina

La voluntad de Dios para su salud

Cosecha de salud

Literatura disponible de los Ministerios Kenneth Copeland

Escritos por Kenneth Copeland

La ceremonia del matrimonio
Libre de todo temor
Misericordia: El rescate divino de la raza humana
Ahora estamos en Cristo Jesús
Nuestro pacto con Dios
Prosperidad: La decisión es suya
La sensibilidad del corazón
¡No acepte la tristeza! Venza la aflicción y el dolor
La fuerza de la fe
La fuerza de la justicia
El poder de la lengua
La actitud triunfadora
Bienvenido a la familia
Usted ha sido sanado
En el amor no hay temor
El amor nunca falla
¿Qué significa ser socios de pacto? Guía de estudio
Construya sus cimientos financieros
La decisión es suya
Pacto de sangre

Escritos por Gloria Copeland

Y Jesús sanaba a todos
La voluntad de Dios es el Espíritu Santo
Amor: El secreto para su éxito
El poder para vivir una vida nueva
La voluntad de Dios es la prosperidad

Escritos por Kenneth y Gloria Copeland en co–autoría

Promesas para la familia
Crezcamos de fe en fe: Una guía diaria para la victoria

Oficinas internacionales de los Ministerios Kenneth Copeland

Para obtener más información acerca de los Ministerios Kenneth Copeland, y recibir un catálogo gratis; por favor, escríbanos a la oficina más cercana a usted:

Kenneth Copeland Ministries
Fort Worth, Texas 76192–0001
United States of America

Kenneth Copeland
Locked Bag 2600
Mansfield Delivery Centre
QUEENSLAND 4122
AUSTRALIA

Kenneth Copeland
Post Office Box 15
BATH
BA1 3XN
U.K.

Kenneth Copeland
Private Bag X 909
FONTAINEBLEAU 2032
REPUBLIC OF
SOUTH AFRICA

Kenneth Copeland
PO Box 3111 STN LCD
Langley BC V3A 4R3
CANADA

Kenneth Copeland Ministries
Post Office Box 84
L'VIV 79000
UKRAINE

Kenneth Copeland Ministries
Singapore Ltd.
My SingPost Box 880178
Singapore 919191

¡Estamos aquí para usted!

Únase a Kenneth y Gloria Copeland en el programa de televisión *La voz de victoria del creyente*, el cual se transmite de lunes a viernes y los domingos. Aprenda cómo la fe en la Palabra de Dios puede transformar una existencia ordinaria en una vida extraordinaria

Puede sintonizarnos a través de su canal local, cable o satélite*. También se encuentra disponible las 24 horas del día a través del webcast en *BVOV.TV* [Disponible sólo en Inglés].

* Verifique los horarios y canales en la programación local.

Disfrute las motivadoras e interesantes enseñanzas de Kenneth y Gloria Copeland, y de otros ministros en la revista mensual *La voz de victoria del creyente* [también disponible en nuestra página web], la cual incluye también testimonios genuinos del poder milagroso de Dios y de Su divina intervención en la vida de personas ¡como usted!

Para obtener una suscripción **gratuita** de la revista *La voz de victoria del creyente*, escriba a la siguiente dirección:

Kenneth Copeland Ministries
Fort Worth, Texas 76192–0001
United States of America
visite nuestra página web www.kcm.org,
o llame al 1-800–600–7395 (dentro de E.U.A.)
o al 1-817-852-6000 (fuera de E.U.A.)

Si nos escribe fuera de los Estados Unidos de América; por favor, contacte la oficina de KCM más cercana a usted. Las direcciones de las oficinas aparecen en la página anterior.